DreamWorks

Les Cinq Légendes

La fabuleuse aventure

GJ Editions

Dans une forteresse cachée au pôle Nord vit une légende au grand cœur : le Père Noël. On l'appelle aussi Nord, tout simplement. Dans son atelier travaillent des elfes coiffés de chapeaux pointus et des yétis.

La Fée des dents vit dans un palais avec des minifées aux ailes multicolores. Elles collectent les dents de lait et les souvenirs qu'elles contiennent, puis les rangent dans de petits tiroirs.
Sab, le Marchand de sable, vole dans le ciel et endort les enfants avec du sable à rêves. Il est tout doux, tout doré.
Bunny, le Lapin de Pâques, équipé de boomerangs magiques, fonce dans des tunnels enchantés. Dans son terrier, il décore de délicieux œufs en chocolat.
Nord, Fée, Sab et Bunny sont des gardiens. Ensemble, ils veillent sur les rêves et l'imagination des enfants.

Un jour, le globe lumineux de Nord se couvre de sable noir.
« Est-ce que ça pourrait être… Pitch ? » se demande Nord.
Pitch est l'ennemi juré des gardiens. Il n'a qu'une seule idée : faire peur aux enfants pour qu'ils cessent de croire en eux.
Nord donne tout de suite l'alarme : il fait jaillir une lumière magique de sa forteresse pour prévenir les autres gardiens.
Aussitôt, Fée abandonne les jolies dents de lait, Sab les rêves dorés et Bunny ses œufs décorés. Tous s'empressent de rejoindre Nord qui leur annonce que Pitch les menace. Ils reçoivent alors un message de la lune : ils vont avoir besoin de l'aide d'un cinquième gardien, Jack Frost.

Jack Frost est un garçon aux pouvoirs extraordinaires.
Il ne sait pas d'où il vient, mais, avec son bâton magique,
il peut créer la neige, le vent et la glace.
– Hé, le vent ! s'écrie-t-il en faisant un geste de la main.
Et voush ! il est soulevé par un vent glacial. Jack adore ça !
Quand il joue avec le froid, tout devient blanc sur son passage.
Ce qu'il aimerait vraiment, c'est faire une bataille de boules
de neige géante avec les enfants.

Soudain, Bunny apparaît près de Jack et deux énormes pattes le soulèvent du sol.

– Lâchez-moi ! lance Jack.

Les yétis le mettent dans un sac, jettent une boule à neige par terre et un portail magique s'ouvre devant eux.

Ils sautent à travers, avec Jack dans le sac, direction le pôle Nord.

Quand il sort du sac, Jack voit deux elfes qui le regardent ! Il découvre aussi les autres gardiens autour de lui. Fée s'émerveille de ses jolies dents.

– Oh, elles sont aussi blanches que la neige !

Bunny, lui, n'est pas content de voir Jack Frost. C'est à cause de lui s'il y a parfois de la neige à Pâques.

– Est-ce que quelqu'un peut
me dire ce que je fais là ?
demande Jack.
Nord lui révèle qu'il est un
gardien et qu'ils ont besoin de lui.
Jack est très surpris :
– Moi, tout ce qui m'intéresse, c'est faire des boules de neige
et m'amuser !
Nord l'entraîne dans son bureau rempli de jouets. Il veut lui parler
et le convaincre d'accepter la mission de gardien.

Tout à coup, Bunny arrive en courant.

– On a un problème ! prévient-il.

Pitch a attaqué le palais de Fée. Les gardiens grimpent dans le traîneau de Nord. Bunny n'est pas rassuré : il préférerait y aller par un de ses tunnels.

– Attachez vos ceintures ! tonne Nord de sa grosse voix.

– Euh… elles sont où ? demande Bunny, de plus en plus inquiet.
– C'était juste une expression ! dit Nord en riant.
Il fait claquer les rênes du traîneau, qui s'envole telle une fusée dans le ciel. Jack s'amuse comme un fou. Bunny, lui, a mal au cœur.
– Je connais un raccourci, déclare Nord en sortant une boule à neige de sa poche avant de la lancer. Au palais de Fée !
Et le traîneau fonce à travers le portail magique qui s'ouvre dans le ciel.

Quand les gardiens et Jack arrivent au palais de Fée, ils voient des chevaux noirs menaçants. Ce sont les cauchemars de Pitch. Il est trop tard : ils ont enlevé toutes les minifées. Demain matin, les enfants trouveront leur dent sous leur oreiller et ne croiront plus que la Fée des dents existe ! Heureusement, Nord a une idée :

– Nous allons collecter les dents !

– Mais il y a des millions d'enfants ! s'exclame Fée.
Nord est sûr de lui :
– Tu sais combien de jouets je dépose en une seule nuit ?
– Et combien d'œufs je cache en un seul jour ? ajoute Bunny.
Sur ce, les gardiens et Jack s'envolent aux quatre coins du monde.
Ils récupèrent toutes les dents glissées sous les oreillers…
sans oublier de laisser un petit cadeau à la place.

À la fin de cette longue nuit autour du monde, les gardiens ont réussi à ramasser toutes les dents de lait. Fée a même croisé la petite souris ! Ils arrivent dans la chambre de Jamie, un garçon qui adore les légendes. Sa première dent est tombée lors d'une bataille de boules de neige. Fée la prend sous son oreiller. Puis elle volette au-dessus de son visage.

– J'ai toujours adoré regarder les enfants, dit-elle avec tendresse.

Soudain, les gardiens sont surpris par la lumière d'une lampe de poche. Jamie vient de se réveiller !

– La Fée des dents ?
Je savais que tu viendrais ! souffle-t-il, émerveillé. Sab essaie vite de le rendormir avec du sable à rêves. Mais il perd l'équilibre et endort tout le monde, sauf Jack.

C'est alors qu'un cauchemar passe devant la fenêtre. Sans hésiter, Jack et Sab se lancent à sa poursuite. Pendant ce temps, Sophie, la petite sœur de Jamie, entre dans sa chambre. Elle ouvre de grands yeux en découvrant Nord endormi par terre. Sa boule à neige est tombée de sa poche.

– C'est joli !

Toute contente, elle la prend, saute vers Bunny… et trébuche ! Un portail magique s'ouvre devant elle. Hop ! Elle entre dans le terrier enchanté du Lapin de Pâques.

Au même moment, Sab et Jack se battent contre Pitch et ses cauchemars. Le maître de la peur s'attaque à Sab. Il le frappe dans le dos avec une flèche noire. Jack est horrifié.

– Nooon ! hurle-t-il sans pouvoir l'aider.

Le Marchand de sable disparaît dans le noir.

Dans la salle du globe, les gardiens sont tristes. Sab n'est plus là. Pitch est de plus en plus puissant. Demain, c'est Pâques, et il va sûrement s'attaquer à Bunny et à ses œufs. Ils ne le laisseront pas faire.

– Vite, au terrier de Bunny ! lance Nord.

Bunny frappe le sol de sa grosse patte. Un trou apparaît et tous les gardiens sautent dedans.

Dans son merveilleux terrier, les œufs sont partout. Ils ont même des petites jambes ! Les gardiens retrouvent Sophie. Tous ensemble, ils s'amusent à peindre des centaines d'œufs. À rayures, à paillettes, ils sont magnifiques ! Puis les œufs partent se cacher dans les jardins, les bols de céréales, les chaussures... Ils seront partout ! La chasse aux œufs va être fantastique !

Bunny est fier, ils ont bien travaillé. Sophie s'est endormie et Jack propose de la ramener. Les gardiens s'inquiètent : ils n'aiment pas que Jack s'éloigne.
– J'irai aussi vite qu'un lapin ! dit-il pour les rassurer.
Aussitôt dit aussitôt fait, il dépose Sophie sur son lit. Puis il entend une voix qui l'appelle. Curieux, Jack la suit...
Il arrive dans une immense caverne souterraine : c'est le repaire de Pitch. Jack s'est fait piéger !
Le maître des cauchemars tente de lui faire peur. Mais, plus courageux que jamais, Jack résiste. Il parvient à échapper aux griffes de Pitch.

Mais Pitch a réussi à détruire tous les œufs ! Il n'a jamais été aussi dangereux. Abattu, Jack ouvre la boîte contenant ses dents, que Pitch lui a donnée. Il découvre que la lune l'a choisi car il a sauvé sa sœur quand il était enfant. Il sait maintenant qu'il est un gardien. Avec Nord, Fée et Bunny, il se dépêche de rejoindre Jamie, le dernier enfant à croire encore aux légendes.

– Ce ne sont que de mauvais rêves ! dit Jack, alors qu'ils affrontent Pitch et ses cauchemars.

Les copains de Jamie arrivent pour se battre. Ils font reculer Pitch, qui s'enfuit dans la forêt et disparaît enfin au fond d'un trou.

Les gardiens sont heureux. Tous ensemble, ils ont vaincu la peur. Les rêves et l'imagination seront toujours plus forts que tout. Les enfants peuvent s'endormir en paix. Les gardiens veillent sur eux.

Le papier de cet ouvrage est composé de fibres naturelles, renouvelables, recyclables et fabriquées à partir de bois provenant de forêts gérées durablement.

Gallimard Jeunesse, 2012
Adaptation : Valérie Latour-Burney
Conception graphique de l'ouvrage : Karine Benoit
Loi n° 49-956 du 16 juillet 1949 sur les publications destinées à la jeunesse
ISBN : 978-2-07-064936-5
N° d'édition : 245661
Dépôt légal : novembre 2012
Imprimé en France par Pollina - L62129 IMPRIM'VERT®

PEFC 10-31-2065 / **Certifié PEFC** / Ce produit est issu de forêts gérées durablement et de sources contrôlées. / pefc-france.org